# LO QUE NO TE ENSEÑARON EN EL COLEGIO SOBRE EL DINERO

Social Mario

# LO QUE NO TE ENSEÑARON EN EL COLEGIO SOBRE EL DINERO

EDITORIAL
LETRA MINÚSCULA

Primera edición: agosto de 2023
ISBN: 978-84-19705-93-8

Editado por Editorial Letra Minúscula
www.letraminuscula.com
contacto@letraminuscula.com

# Índice

# INTRODUCCIÓN

Cuando tenía solo diez años, uno de los problemas más grandes que veía a mi alrededor era el dinero. Y te preguntarás: ¿cómo puede saber eso un niño de diez años? La respuesta es simple, yo no era consciente de los problemas financieros de mis padres, familiares o amigos, pero era consciente de las emociones negativas que les generaba cualquier tema relacionado con el dinero.

Cuando digo negativas, me refiero a todas estas emociones que todos hemos visto alguna vez: preocupación, tristeza, envidia, frustración, odio, enfado... Estas emociones y actitudes las vamos aprendiendo de pequeños sin darnos cuenta, y terminamos aplicándolas en nuestra vida diaria. Nuestra estrategia financiera acaba siendo muy parecida a la de nuestros padres. Sin embargo, nosotros no tenemos la culpa. No tenemos la culpa de que nadie les enseñase a nuestros abuelos sobre finanzas. No tenemos la culpa de que tampoco se las enseñaran a nuestros padres. No tenemos la culpa de que eso haya hecho que lleguen a tener problemas financieros. No tenemos la culpa de que no se hable de dinero en casa o en el colegio porque es considerado un tema tabú.

Eso no quita que será nuestra culpa si seguimos el mismo camino, si llegamos a los cuarenta, cincuenta o sesenta años con los mismos problemas financieros. Por eso me especialicé en finanzas personales. Por eso he escrito este libro, para darte las herramientas necesarias para que tengas unas finanzas saludables. Y te preguntarás: Mario, ¿qué son unas finanzas saludables? En mi opinión, unas finanzas saludables son aquellas que nos permiten tener el suficiente dinero para vivir la vida que queremos: sin deudas innecesarias; gastando menos de lo que ingresamos, para poder ahorrar, para poder invertir; haciendo que nuestro dinero trabaje por nosotros mientras dormimos, para poder comprarnos caprichos materiales o experiencias, y para poder retirarnos tranquilamente.

Lo mejor es que para conseguir todo esto existen trucos y estrategias que se ha demostrado que funcionan a nivel global.

Hay muchas ciencias en el mundo que todavía están en proceso de estudio, en cambio la ciencia de las finanzas es simple, ya está estudiada. Por eso en este libro voy a darte toda la información que necesitas para que aprendas todo lo que no te enseñaron en el colegio sobre el dinero.

Todos estos trucos y estrategias me han funcionado a mí para conseguir la vida que quería, y te puedo asegurar que yo empecé desde muy abajo. Por eso estoy seguro de que a ti también te funcionarán.

Los trucos y estrategias que te voy a dar están divididos en tres grandes pilares: **ahorrar – invertir – ganar dinero**. Estos son los tres pilares de unas finanzas saludables. Dentro de cada pilar tendrás varias estrategias, de las cuales no tienes que usar todas; simplemente con usar una o varias de ellas ya puedes completar cada pilar. Una vez tengas completo los tres pilares, es decir, que implementes en tu vida una o varias estrategias de cada pilar, estarás en el camino de unas finanzas saludables. Es importante que no dejes ningún pilar sin completar, porque cada pilar se retroalimenta de los demás, es decir, al completar los tres pilares creas una bola de nieve que empieza a rodar, a hacerse cada vez más grande y a proporcionarte más beneficios. Esto no pasará si solo completas uno o dos de ellos.

Si esperas información súper técnica, métodos nunca antes vistos o fórmulas matemáticas complejas te recomiendo que reduzcas tus expectativas porque no es lo que vas a encontrar en este libro. El objetivo de este libro es que adquieras los conocimientos imprescindibles y más efectivos de forma rápida para que puedas ponerlos en práctica y obtener resultados lo antes posible. Es un libro que va al grano, para así conseguir ahorrarte tiempo, engancharte hasta acabarlo, que lo entiendas aunque no tengas conocimientos previos y además te quedes con ganas de seguir aprendiendo, cosa que no suele pasar cuando se habla de finanzas.

Recuerda, todo lo que te voy a contar proviene de mis conocimientos y experiencia. Estoy seguro que te ayudará, pero no te lo tomes como recomendación, ya que no soy asesor financiero.

## CAPÍTULO 1:

# ¿QUÉ ES REALMENTE EL DINERO?

Para entender lo que es el dinero tenemos que remontarnos a la época en la que no existía ninguna forma de dinero. Hace muchísimos años, los expertos dicen que por lo menos cinco mil años atrás, lo que se hacía cuando no existía el dinero era intercambiar productos y servicios, unos por otros, lo que se conoce como trueque.

Esto no era práctico, ya que no era fácil que se encontraran dos personas que necesitaran mutuamente lo que la otra tenía, y mucho menos sencillo era llegar a un acuerdo. Además, tenías un límite de cosas que podías llevar encima y transportar allá donde ibas.

Por eso se pasó a buscar algo que sustituyera el valor de las cosas y los servicios, y, además, fuera fácil de transportar. Por ese motivo se empezaron a usar los metales como forma de cambio, en concreto el oro, ya que era el que más valor tenía por sus propiedades y escasa disponibilidad.

Pero esto seguía sin ser del todo práctico, por eso surgieron los bancos, los cuales se encargaban de guardar de forma segura tu oro, y a cambio te daban en monedas y papel el valor de la cantidad que dejabas.

Así fue como nació el patrón oro, es decir, el banco tenía la obligación de tener guardado en oro todo el dinero que había en circulación, para que si tú se lo pedías, te lo dieran. Esto fue algo protegido incluso por ley, el problema fue que no se respetó, y los países empezaron a imprimir dinero como locos, mucho más de lo que había en oro.

Esto hizo que hace unos cincuenta años, Nixon, el presidente en aquel entonces de los Estados Unidos, decidiera dejar de usar el patrón oro.

Y así se crearon las monedas FIAT, que es dinero creado por los gobiernos, como, por ejemplo, el dólar y el euro, las cuales no están respaldadas por ningún producto físico, como el oro, por lo que realmente no tienen valor intrínseco, sino que su valor es inventado. El dinero es una ilusión, lo cual no quiere decir que el dinero no tenga importancia, ya que es necesario para vivir.

De esta forma fue como los bancos y los gobiernos se hicieron con el poder del dinero. La mayoría del dinero en el mundo lo crean los bancos comerciales al conceder préstamos debido a la **banca de reserva fraccional**, un sistema bancario en el que los bancos sólo están obligados a mantener una pequeña cantidad del dinero que depositan sus clientes, lo que les permite utilizar el resto para obtener beneficios de múltiples formas, como por ejemplo prestándolo a otras personas y cobrándoles intereses. Este sistema funciona gracias a nuestra confianza, al igual que las monedas FIAT, ya que los bancos saben que sería muy extraño que todos sus clientes fueran a sacar su dinero al mismo tiempo. La segunda forma en la que se crea el dinero es a través de la **expansión cuantitativa** y la llevan a cabo los bancos centrales, esto es lo que se conoce como "imprimir dinero" pero realmente no crean el dinero imprimiéndolo si no creándolo digitalmente y comprando activos financieros como acciones y bonos. La creación artificial de dinero crea problemas como la inflación, de la que hablaremos más adelante en este libro y de cómo protegerte de ella. Te parecerá una locura, pero la realidad es que hay más deuda en el mundo que dinero.

Por eso me gusta ver la vida y el dinero como un videojuego en el que tenemos que ir mejorando nuestras habilidades para ir pasando niveles y consiguiendo más dinero. Y cada vez tiene más sentido, porque el dinero se va haciendo poco a poco menos visible físicamente debido a las monedas digitales y a los pagos electrónicos.

Así llegamos a la conclusión de que el **dinero** es cualquier artículo o medio de intercambio que sea aceptado por la gente para el pago de productos y servicios, que sirve como unidad de cuenta para fijar precios y funciona como depósito de valor para acumular riqueza.

Como ves, el dinero puede adoptar diferentes formas, y lo seguirá haciendo a lo largo de la historia, ya que siempre seguirá evolucionando. Por eso es importante que conozcas cómo empezó la historia antes de meternos de lleno en cómo usar tu dinero de la mejor forma, para que estés preparado tanto para la situación que tenemos ahora como para las que vendrán en el futuro.

El dinero no es ni bueno ni malo, depende de la forma en que lo mires y lo uses. Por eso es importante que cambies tus creencias sobre él, creencias que desde pequeños nos han programado en el cerebro.

No te sientas mal por querer dinero; las personas que quieren o tienen dinero no son malas. Tampoco te sientas mal por hablar de dinero; debemos normalizar el hablar de él. Además, hay cada vez más dinero en el mundo, y no es difícil de conseguir, simplemente no te han enseñado a hacerlo. El dinero nos hace más felices porque nos da opciones y tranquilidad.

Ahora sí, podemos empezar.

## CAPÍTULO 2:

# LO QUE NO TE ENSEÑARON EN EL COLEGIO SOBRE AHORRAR DINERO

La capacidad para ahorrar de una persona dice mucho de la salud de sus finanzas. Para ahorrar tienes que tener un buen entendimiento de cómo gestionar tu dinero.

La mejor forma de administrar tu dinero es destinando tus ingresos a distintas categorías, lo cual se logra usando **la regla del 50/30/20.** Esta regla se usa a nivel mundial para saber qué cantidad de tus ingresos debes destinar a **gastos fijos, gastos innecesarios, ahorro e inversión.**

Estas cantidades son un buen punto de partida, pero son orientativas, es decir, las debes amoldar a tu propia situación personal. Para aplicar la regla del 50/30/20 a nuestra situación financiera tenemos que saber cuáles son nuestros gastos fijos.

## GASTOS FIJOS

Al conocer nuestros gastos fijos seremos capaces de saber cuánto dinero necesitamos para vivir y cuánto dinero podemos dedicar a gastos innecesarios, al ahorro y a la inversión.

Los gastos fijos son gastos necesarios que tenemos que hacer cada mes para sobrevivir. Aquí vamos a incluir:

- Alimentación
- Alojamiento
- Transporte
- Agua, luz y gas
- Seguros, tasas e impuestos

En la categoría de gastos fijos vas a poder dedicar el 50 % de tus ingresos. Es decir, si, por ejemplo, tu sueldo mensual es de 1 000 €, vas a poder dedicar hasta 500 € a estos gastos, ya que son necesarios.

Puede que ahora mismo no tengas ni idea de cuánto dinero gastas exactamente al mes. Esto es común en nuestra sociedad. La mayoría de las personas no llevan la cuenta de sus gastos. Nadie nos enseñó a hacerlo de forma fácil y efectiva. Tampoco nos hablaron de las consecuencias que podía traernos el no contabilizar nuestros gastos e ingresos. Y es que no contabilizarlos nos perjudica de múltiples maneras.

Muchas personas no pueden permitirse viajar o tener caprichos, muchas están demasiado endeudadas y otras muchas ni siquiera llegan a fin de mes.

Mi recomendación es que empieces cuanto antes a contabilizar tus gastos e ingresos, que lo conviertas en una rutina. Solamente con que te comprometas a hacerlo durante un mes ya vas a notar los beneficios, puesto que sacarás información muy valiosa, como tus patrones de gasto.

Descubrirás cuáles son tus **gastos hormiga**, que son los gastos pequeños que hacemos en nuestro día a día sin darles importancia, porque parece que no afectan a nuestra economía, como, por ejemplo, comer fuera, comprar ropa por impulso, comprar chicles o tomar café fuera de casa todas las mañanas. De la misma forma, descubrirás tus **gastos fantasma**, que son aquellos gastos que hacemos sin darnos cuenta o «por si acaso», como, por ejemplo, las suscripciones a Netflix, a Amazon Prime, a Spotify, a alguna *app* que no utilizas o la suscripción al gimnasio. Y, por último, los **gastos vampiro**, que son aquellos que resultan muy difíciles de detectar y de prever, pero que se convierten en gastos fijos, como, por ejemplo, la avería del coche, las fugas de gas y agua, o los gastos inesperados en el consumo eléctrico.

Todos estos gastos acaban sumando grandes cantidades de dinero a final de mes, y todavía más a final de año, pero se pueden eliminar fácilmente.

Claramente, sacarás mejores resultados si contabilizas estos datos durante varios meses e incluso años, como llevo haciendo yo desde hace tiempo. Para esto, puedes escribirlos en una libreta, en una nota del móvil o en una hoja de Excel. Sin embargo, existe incluso una mejor opción, esta opción es la de usar una aplicación de móvil, que, además de conseguirte mejores datos al darte medias y gráficos, también se puede conectar a tu cuenta de banco de forma segura, para contabilizar tus ingresos y gastos de forma automática.

La aplicación que yo utilizo se llama Fintonic, pero hay otras, como, por ejemplo, Monefy.

## GASTOS INNECESARIOS

Una vez sepas cuánto dinero dedicas al mes a gastos fijos, el siguiente paso es descubrir cuánto dedicas a gastos innecesarios. Los gastos innecesarios son gastos que, como su nombre indica, no necesitas para vivir, y que, por lo tanto, son caprichos. Aquí entran:

- Comer y beber fuera de casa
- Ropa
- Viajes
- Suscripciones (ej.: Netflix, Amazon Prime, gimnasio)

Si tienes problemas diferenciando entre gastos innecesarios y necesarios, simplemente pregúntate si podrías vivir sin ello, pero en serio, ponte en la situación más difícil de tu vida y respóndete sinceramente. Aunque no dejes de gastar en ello, al menos serás consciente de que es un gasto innecesario.

Como en el ejemplo anterior, si tu sueldo mensual es de 1 000 €, podrías dedicar hasta 300 € a tus caprichos cada mes, lo que sería un 30 %.

El problema con los gastos innecesarios es que suelen ser muy difíciles de eliminar porque provienen de problemas internos. Solemos comprar caprichos por dos motivos:

Tapar inseguridades e impresionar a los demás.

Hay una frase que me gusta mucho, la cual dice: «deja de trabajar más para ganar más, para comprar cosas que no necesitas, para impresionar a gente que ni siquiera te cae bien».

Esta frase resume perfectamente el comportamiento de la sociedad actual. La gran mayoría de las personas quiere tener la vida de la gente que ve en redes sociales, la cual vive por encima de sus posibilidades, es decir, gasta más de lo que ingresa.

Desde ya debes saber, que para mejorar tu situación financiera vas a tener que reestructurar tu forma de pensar e ir un poco a contracorriente de los demás, de la sociedad, que nos ha programado para tener malas situaciones financieras. Por eso es importante que te trabajes por dentro, que trabajes la confianza en ti mismo. Yo no estoy especializado en crecimiento personal, pero lo que sí te diré es que administrar bien tu dinero no significa dejar de disfrutar de la vida, sino disfrutarla de forma inteligente.

## AHORRO

Ahora pasamos al último porcentaje de la regla. Este porcentaje es el 20 %, y está pensado para ahorrar. Sin embargo, a mí me gusta hacer un cambio aquí, ya que ahorrar tu dinero no es la manera más inteligente de usarlo. Esto se debe a que el dinero que ahorras perderá valor todos los años debido a la inflación, y, por lo tanto, tendrás dinero que cada vez puede comprar menos.

La **inflación** es un proceso económico provocado por el desequilibrio entre la oferta y la demanda que causa una subida de los precios de los productos y servicios, y, al mismo tiempo, una pérdida del valor del dinero que nos permite comprarlos. Debido a esto, tu compra semanal cada año cuesta más y la moneda que usas (por ejemplo, el euro) cada vez vale menos, lo que quiere decir que tu poder adquisitivo se ve afectado negativamente. Pero, por supuesto, esto es algo que prefieren que no sepas.

Lo mejor que podemos hacer para vencer a la inflación, es ahorrar una cantidad específica e invertir el resto para que nuestro dinero trabaje por nosotros. De esta forma, en vez de perder valor, lo aumentará automáticamente. Invertir en activos financieros que tengan un valor real no solo nos protege de la inflación, sino de toda la ilusión creada en torno al dinero. Más adelante hablaremos en detalle de cómo y cuándo invertir.

Ahora vamos a hablar simplemente de **cuánto dinero invertir**.

Antes de empezar a invertir debemos hacer algo muy importante: crear un **fondo de emergencias**. A esto me refería cuando te dije antes que tenías que ahorrar una cantidad específica. Lo que debes hacer es ahorrar este 20 % mensual hasta tener al menos suficiente dinero como para poder vivir durante 3 meses sin sueldo en caso de emergencia.

Esto es un pilar fundamental para tus finanzas. De esta forma, te aseguras que, pase lo que pase, podrás hacer frente a cualquier situación. Eso son unas finanzas seguras, bien sólidas.

No te preocupes por el tiempo que tardes en conseguir esta cantidad, hay personas que lo consiguen antes y otras más tarde, como todo en la vida. Si ves que puedes ahorrar más del 20 %, perfecto. Si algún mes tiene que ser menos, no pasa nada. Como te dije antes, tienes que adaptar esta regla a tu propia situación personal. Con la práctica, irás mejorando.

## INVERSIÓN

Una vez consigas esta cantidad y, por lo tanto, tengas tu fondo de emergencias, el 20 % que has dedicado a ahorrar lo vas a empezar a dedicar a invertir, a no ser que tengas un objetivo financiero para el que necesites una cantidad específica de dinero, como, por ejemplo, comprar una casa.

Formas de invertir hay muchas, no te preocupes, porque más adelante te contaré las que en mi opinión son las mejores, y tú elegirás las que mejor se adapten a ti. Lo importante es que ya tienes una idea de cuánto invertir.

## MÉTODOS DE AHORRO

Llegado a este punto, ya sabrías lo básico para administrar tu dinero. Simplemente, al implementar esto ya estarías por delante de la mayor parte de la sociedad. Sin embargo, esto no es todo, existen muchos métodos y trucos que puedes ir añadiendo a tu vida para gastar menos y ahorrar más, los cuales incluso pueden ser divertidos. Vamos a verlos:

- **Método Kakebo:** es un método tradicional japonés que se basa en apuntar todos tus gastos e ingresos en una libreta. De este hábito ya hemos hablado antes y sabes que también puedes utilizar aplicaciones, notas del móvil o una hoja de Excel.

- **Método de los objetivos:** en este caso, lo que nos va a ayudar a ahorrar va a ser el ponernos objetivos numéricos con fechas concretas para alcanzarlos. Por ejemplo: conseguir ahorrar en un año 2 000 €. Si estos 2 000 € los dividimos entre los trescientos sesenta y cinco días que tiene un año, tendríamos que ahorrar 5,50 € al día, o 165 € al mes. Visto así, ya no parece tan difícil.

- **Regla del 50/30/20:** de este método ya hemos hablado antes. Es el que más me gusta y quiero que sepas que puedes adaptarlo a ti. Si te parece difícil, ve poco a poco. Empieza asegurándote de que gastas menos de lo que ganas.

- **Método págate a ti primero:** este método es muy simple, efectivo y fácil de llevar a cabo, pero puede asustar al principio. Se basa simplemente en retirar la cantidad de dinero que hayas estimado necesaria, al principio del mes, mientras te quedas con el dinero sobrante para vivir. Lo que pasará aquí es que nuestro cerebro se adaptará a vivir con el dinero que nos queda. Esto nos pasa automáticamente tanto cuando tenemos mucho como cuando tenemos poco dinero. Y en el caso de que nos haga falta dinero, nuestro cerebro entrará en modo supervivencia y empezará a ponerse creativo para encontrar soluciones.

- **Planes de ahorro y planes de pensiones:** este método de ahorro nos lo proporcionan los bancos, sin embargo tengo que decir que yo no soy muy fan de ellos, ya que los intereses que te ofrecen suelen ser ridículos y en la mayoría de casos no te permiten tocar el dinero en caso de necesitarlo. Sin embargo es cierto que cada vez existen más cuentas de ahorro con mejores intereses y menos restricciones. Por eso algo que puedes hacer si estás ahorrando grandes cantidades de dinero, como por ejemplo para la entrada de una casa, es meter ese dinero en una cuenta de ahorro para conseguir algo de rentabilidad. Pero asegúrate siempre de que podrás retirarlo cuando tú quieras.

- **Método de los sobres:** se basa en calcular los gastos que vas a tener a lo largo del mes, dividirlos y escribir sus nombres en sobres. Por ejemplo: alquiler, transporte, comida. Dentro de los sobres vas a guardar la cantidad de dinero que necesites para cada cosa y lo vas a ir utilizando cuando lo vayas necesitando. Del dinero restante de tus ingresos podrás ahorrar la parte que tú quieras.

- **Método de la hucha:** es de los métodos más conocidos. Simplemente, tenemos que ir introduciendo dinero en una hucha hasta llenarla. Para incentivar el ahorro podemos marcar reglas, como, por ejemplo, introducir 10 € a la semana, introducir 1 € por cada palabrota o introducir todas las monedas sueltas que nos sobren al comprar.

- **Reto del céntimo:** en este reto debes empezar por ahorrar un céntimo el primer día, dos céntimos el segundo, tres céntimos el tercero, y así, sucesivamente, incrementarás un céntimo cada día hasta el último día del año, el día trescientos sesenta y cinco, en el que ahorrarás 3,65 €, con lo cual habrás conseguido un total de 668 € ahorrados, cantidad que puedes utilizar para hacer un viaje, darte un capricho, invertir o lo que tú prefieras.

- **Método de los treinta días:** este método se basa en ahorrar en gastos trucando al cerebro. Para ello, lo que vas a hacer es esperar treinta días cuando quieras comprarte un capricho. Si después de esos treinta días sigues pensando que necesitas ese capricho, entonces lo comprarás, pero en la mayoría de casos verás cómo, sorprendentemente, desaparece la necesidad. Si treinta días te parecen muchos, puedes esperar quince días, una semana o incluso cuarenta y ocho horas, dependiendo de lo grande que sea el precio del capricho. Pruébalo, verás lo efectivo que es.

Dentro de este mismo tipo de trucos mentales para ahorrar, también puedes usar otro en el que lo que tienes que hacer es dividir el precio del capricho entre el dinero que te pagan por hora. Al ver cuántas horas tienes que trabajar para poder permitirte ese capricho, se te quitarán las ganas de comprarlo. Esto se debe a que la mayoría de nuestros gastos son impulsivos, pero podemos evitar dejarnos llevar por las emociones gracias a trucos como estos.

Para las suscripciones tipo Netflix existe otra forma de hacernos ver cuánto dinero nos estamos gastando realmente y es anualizar el gasto, es decir, multiplicar la suscripción mensual de Netflix por doce para ver cuánto nos podemos ahorrar al año.

- **Reto de las cincuenta y dos semanas:** aquí tienes otro reto con el que puedes ahorrar 1 378 € en un año. Para ello, lo único que tienes que hacer es ahorrar 1 € la primera semana, 2 € la segunda, 3 € la tercera, y así, sucesivamente, incrementarás 1 € cada semana hasta la última semana del año, la semana cincuenta y dos, en la que ahorrarás 52 €, con lo cual habrás conseguido un total de 1 378 € ahorrados, lo cual te vendrá genial para comprar un capricho, viajar o invertir.

Para terminar con esta sección de ahorro, me gustaría que hicieras una reflexión. Piensa o, mejor todavía, coge tu lista de gastos de la que hablamos al principio de este capítulo, e identifica cuáles son tus gastos mensuales más grandes.

Seguramente sean **vivienda, comida y transporte**, ¿verdad?

Hemos hablado mucho de caprichos y gastos, y, aunque ahorrar en ellos te va a permitir mejorar tu situación financiera, lo mejor que puedes hacer es encontrar todas las maneras que tienes de ahorrar en estos tres gastos, ya que serán los gastos más grandes que tendrás a lo largo de tu vida.

Para ahorrar en la cesta de la compra mi recomendación es que hagas siempre una lista y te ciñas a ella. En esta lista de la compra puedes incluir el dinero que esperas gastar, para tener un objetivo y no dejarte llevar por tus impulsos. Para esto también te vendrá genial ir al supermercado con la barriga llena.

Si además de ceñirte a tu lista quieres ahorrar tiempo, hoy en día puedes hacer la compra *online*. Si quieres saber qué supermercados son los más baratos en tu zona, puedes buscar estudios por Internet, como el de la OCU, e incluso comparar los precios de los productos entre diferentes supermercados, todo de forma *online*. Y es que, ya que hablamos de comparadores de precios *online*, también existen *apps*, como Soysuper o Carritus, que hacen esto y que incluso te ofrecen mucho más, como, por ejemplo, cupones de descuento o *cashback*.

El ***cashback*** es un porcentaje del dinero que te gastas en tus compras y que te devuelven. Este *cashback* lo ofrecen tanto algunas apps, como Gelt, como también algunas tarjetas de débito y crédito.

En cuanto a transporte, ahorrar es simple. ¿Qué necesitas para tu día a día? ¿Realmente necesitas un coche? Por supuesto no necesitas un coche nuevo. ¿Sabías que un coche nuevo pierde automáticamente el 10 % de su valor nada más sacarlo del concesionario? Pero no solo eso, sino que ese primer año se deprecia otro 10 %. Así continúa ocurriendo año tras año, hasta que pasan los primeros cinco años, al cabo de los cuales un coche nuevo habrá perdido el 60 % de su valor. Por eso es que la mejor forma de comprar un coche es de segunda mano, y que tenga cinco años o más, ya que este es el punto en el que la depreciación de los coches empieza a ralentizarse.

Mi intención no es quitarte las ganas de comprar un coche. Simplemente, quiero que sepas lo que compras y sus contras. Al mismo tiempo, debes saber que hay alternativas más baratas, como el transporte público, la bici o la moto, que, además, te harán ahorrar en gasolina, seguros, impuestos e incluso tiempo.

Quédate con esto, porque en próximos capítulos hablaremos a fondo del tiempo, de su importancia como activo valioso y de cómo invertirlo cuando no tenemos dinero.

Por último, ahorrar en tu vivienda debería ser tu prioridad número uno, ya que es el gasto más grande que vas a tener a lo largo de tu vida.

Para esto tendremos que hacer una buena búsqueda en portales inmobiliarios, usar el boca a boca y aprovechar todas las oportunidades de las que dispongamos. Además, debemos buscar una vivienda que se adapte a nuestras necesidades, no una que tenga espacio extra o lujos. Siempre debemos intentar negociar con el dueño y, si hacemos *house hacking*, mejor que mejor.

El ***house hacking*** se basa en alquilar las habitaciones libres de tu casa para pagar menos alquiler o hipoteca, no pagar nada o incluso conseguir ingresos extra.

Quiero recalcar que todo lo que hemos visto hasta ahora y todo lo que veremos en los próximos capítulos se puede aplicar tanto a parejas como a familias, aunque me gustaría añadir un extra para cada caso. Es recomendable que las parejas usen la **técnica de las cuatro cuentas**, la cual dice que las parejas deben tener una cuenta conjunta para los gastos, otra cuenta conjunta para el ahorro y la inversión y dos cuentas personales para que cada uno haga lo que quiera con su dinero. Esta técnica ayuda a las parejas a tener una mejor situación financiera y una mejor relación. En el caso de las familias es muy importante dar una paga a los hijos, esto hará que aprendan desde pequeños a administrar su dinero. Lo recomendable es que esta paga se la ganen ellos mismos, es decir que se les dé a cambio de realizar ciertas tareas.

Para resumir este capítulo tan importante; empieza a contabilizar tus gastos y tus ingresos, usa uno o varios métodos de ahorro, crea un fondo de emergencias y ahorra en los tres grandes gastos, así estarás más cerca de conseguir tus objetivos financieros y podrás pasar a invertir.

## CAPÍTULO 3:

# LO QUE NO TE ENSEÑARON EN EL COLEGIO SOBRE LAS DEUDAS

Ahora que lo sabes todo sobre la gestión del dinero, quiero que sepas que, antes de ponerte a invertir, **si tienes deudas**, deberías plantearte si te conviene amortizarlas, es decir, pagarlas antes de tiempo, o invertir. Esto dependerá de si el retorno de la inversión es superior o inferior al interés que te cobran por tus deudas. Si es superior, invertir debería ser tu prioridad. Si la rentabilidad es inferior, es mejor que te centres en pagar la deuda lo antes posible.

Para aclararte con este tema puedes usar calculadoras gratuitas que encontrarás en Internet.

## MEJORES MÉTODOS PARA PAGAR TUS DEUDAS

Tengas o no deudas, es importante que conozcas las dos mejores formas que existen de pagarlas: el método de la bola de nieve y el método de la avalancha.

- El **método de la bola de nieve** se basa en pagar las deudas más pequeñas primero, con el objetivo de ir eliminando deudas de forma rápida, lo cual te motivará a seguir. Esta es la mejor técnica psicológica, ya que te mantendrá motivado. Sin embargo, con esta técnica pagarás más intereses. Por eso existe el siguiente método.

- El **método de la avalancha** se basa en pagar las deudas con mayores intereses primero. Lo cual hará que ahorres dinero en intereses, pero puede ser frustrante, ya que pueden ser deudas más grandes que tardes más tiempo en eliminar.

Tienes total libertad para elegir el método que mejor se adapte a ti.

## TIPOS DE DEUDAS

Una vez hayas creado una estrategia para pagar tus deudas, entonces podrás empezar a ahorrar dinero para dedicarlo a invertir.

Lo primero que tenemos que hacer al hablar de deuda es entender que la deuda es dinero que nos prestan a cambio de que lo devolvamos con intereses, por eso es muy importante que diferenciemos entre deuda buena y deuda mala.

Según Robert Kiyosaki, el escritor del libro de finanzas más conocido del mundo, *Padre rico, padre pobre*, la **deuda buena** es aquella que pone dinero en tu bolsillo (educación, negocio, casa para alquilar) y la **deuda mala** es aquella que te quita dinero de tu bolsillo (financiar un coche, usar la tarjeta de crédito para comprar caprichos como móviles y ropa, pedir un préstamo personal).

## CÓMO PEDIR UNA HIPOTECA

Ahora que conoces las diferencias entre deuda mala y buena, y sabes qué hacer si tienes deudas, vamos a ver una de las situaciones con las que seguramente te vas a encontrar a lo largo de tu vida: pedir una hipoteca.

Pedir una hipoteca para comprar una casa en la que vas a vivir es un tema que trae polémica, ya que hay expertos que consideran que forma parte de la deuda mala, porque te quita dinero de tu bolsillo por la cantidad de gastos que conlleva, y hay otros que la consideran deuda buena, ya que pone dinero en tu bolsillo al ir invirtiendo tu dinero en un bien que se va revalorizando con los años. Por lo tanto, la decisión queda a elección personal.

Por eso me alegra que estés leyendo este libro, porque sabes que esta decisión no debe ser emocional, sino racional. No deberías querer comprarte una casa porque es lo tradicional, o porque es lo que todo el mundo hace, o porque crees que te va a hacer feliz o por impresionar a los demás. Si realmente te planteas comprar una casa, debes meditarlo tranquilamente, teniendo en cuenta factores como tener una fuente de ingresos segura y vivir en un sitio que te guste, con un estilo de vida estable, el cual creas que vas a tener durante muchos años, ya que las hipotecas duran entre quince y treinta años. Por lo tanto, necesitarás tener tus deudas bajo control, contar con un colchón de dinero para emergencias ahorrado, cumplir con los requisitos mínimos que el banco te pide y que veremos ahora, conocer todos los costes de ser propietario de una casa y compararlos con alquilar.

Una vez lo tengas claro, debes saber que comprar una casa será una de las decisiones más importantes de tu vida, no solo por el desembolso de dinero que tendrás que hacer, sino por el préstamo hipotecario que tendrás que pagar a lo largo de muchos años.

Por eso es que antes de pedirlo es importante que conozcas el **vocabulario básico de las hipotecas**, para así evitar que te engañen. De esta manera, podrás incluso conseguir mejores condiciones al negociar con el banco.

- **Hipoteca a tipo fijo:** es aquella en la que se aplica el mismo tipo de interés durante toda la vida del préstamo, por eso es fijo. Esto hace que la cuota mensual a pagar sea siempre la misma durante toda la hipoteca, independientemente de que los tipos de interés del mercado suban o bajen.

- **Hipoteca a tipo variable:** una hipoteca variable es aquella en la que el importe de las cuotas mensuales varía según lo haga su índice de referencia (lo más habitual es que este índice sea el euríbor). El tipo de interés que se aplica a la hipoteca está compuesto por un valor fijo más el valor del euríbor.

- **Hipoteca a tipo mixto:** es una combinación de tipo fijo y tipo variable. Elegir un tipo de hipoteca u otra dependerá de varios factores, como son, por ejemplo, tus preferencias personales y la situación del mercado. Tómate tu tiempo, infórmate bien, analiza la situación y no te preocupes si te arrepientes de tu decisión en el futuro, porque esto es algo que podrás renegociar con tu banco. Es decir, podrás hacer la **novación de una hipoteca,** o incluso puedes cambiar tu hipoteca de banco con el objetivo de mejorar las condiciones, lo que se conoce como **subrogación de una hipoteca.**

- **TIN (Tipo de Interés Nominal)**: es el precio que tendrás que pagar por el dinero que te han prestado, es decir, los intereses. Sin embargo, no incluye otros gastos y comisiones que pueda incluir la hipoteca.

- **TAE (Tasa Anual Equivalente)**: es muy parecido al TIN. Es decir, es el precio que tendrás que pagar por el dinero que te han prestado, pero es más real, porque incluye otras comisiones y gastos que no incluye el TIN. Por eso los bancos prefieren darnos el TIN y nosotros debemos pedir la TAE.

- **Bonificaciones**: son productos y servicios que te ofrece el banco a cambio de rebajar el interés que vas a pagar por tu hipoteca, como, por ejemplo, que contrates un seguro de vida con ellos, que domicilies tu nómina o que contrates una tarjeta de crédito.

- **Euríbor**: el euríbor es un índice de referencia que representa el tipo de interés medio al que las entidades bancarias europeas se prestan el dinero entre ellas. Además, es el porcentaje que se usa para calcular los intereses que vas a pagar cuando pides una hipoteca de tipo variable. Como su propio nombre indica, varía. El euríbor sube y baja, y los intereses que tienes que pagar a tu banco se adaptan al euríbor. Este ajuste se realiza normalmente cada seis o doce meses.

- **Bróker hipotecario:** un bróker hipotecario es una persona o una agencia especializada en buscar las mejores hipotecas de acuerdo al perfil financiero y necesidades del cliente. Son profesionales que conocen el sector hipotecario desde dentro.

- **Aval:** es una garantía que asegura el cumplimiento de ciertas obligaciones. En este caso, asegura que el cliente pagará sus deudas al banco. El aval puede ser una persona o un bien (un inmueble, por ejemplo). Normalmente no deberías preocuparte por el aval si aplicas lo que estás aprendiendo en este libro y cumples los requisitos de los que te voy a hablar ahora, ya que los bancos suelen pedirlo a personas que tienen una mala situación económica, para asegurarse de que se les devolverá el dinero. En el caso de que te lo pidan, seguramente no estés preparado para asumir la compra de una casa y, en mi opinión, deberías esperar, ya que podrías poner tu situación financiera en riesgo.

Vamos a ver los **requisitos mínimos** que necesitas para que te concedan una hipoteca:

1. **Necesitas tener y poder demostrar que tienes ingresos**, los cuales deben ser estables mes a mes, y que llevas tiempo recibiéndolos. Para esto tendrán en cuenta tu situación laboral y el contrato que tienes con tu empresa.

2. **Tendrás que tener una cantidad ahorrada de al menos el 20 % del valor de la tasación de la vivienda**, la cual tendrás que darla como entrada, y otro 10 % para pagar los costes de la compraventa del inmueble, como son los impuestos, la notaría, el registro y la gestoría. Los bancos normalmente conceden el 80 % del valor de la casa. Hay casos, muy pocos, en los que el banco financia más del 80 % o incluso llega a financiar el 100 %. Sin embargo, los requisitos aumentan, ya que normalmente esto significa que tu situación económica no suele ser la más óptima. Por eso, en mi opinión, deberías esperar y no buscar esta opción, ya que podrías poner en riesgo tu situación financiera.

3. **La cuota que tendrás que pagar al banco mensualmente no podrá superar el 35 % de tus ingresos mensuales.** Esto es debido a la relación deuda-ingresos,

que es uno de los datos que más tienen en cuenta los bancos a la hora de conceder una hipoteca. Es decir, si ganas 1 000 € al mes, no te darán una hipoteca con una cuota mensual de más de 350 €. En algunos casos muy excepcionales tu cuota mensual podrá llegar alrededor del 40 % de tus ingresos, aunque lo recomendable es que la cuota sea menor al 35 %, para mantener una buena salud financiera y no ponerte en una situación de riesgo. Si vives con tu pareja, podéis sumar ambos sueldos a la hora de calcular este porcentaje. Puedes calcular estos números y obtener más datos usando calculadoras gratuitas que encontrarás en Google.

Ahora sabes lo que necesitas para conseguir una hipoteca y también conoces los conceptos básicos para que no te engañen. Simplemente, sabiendo estas cosas ya estás por delante de la mayoría de las personas, ya que esto no lo enseñan en los colegios, y muchísima gente va de forma ciega a pedir una hipoteca.

Como último *tip* te diré que siempre intentes **negociar** con el banco. Muchas personas no saben esto, pero los bancos están dispuestos a modificar sus ofertas, y lo tienen permitido.

Pero no solo uses estos conceptos que acabas de aprender; tu mejor herramienta para negociar, además de tu salud financiera, es comparar. Compara lo que te ofrecen en varios bancos, y no solo bancos tradicionales, sino también bancos *online*, los llamados **neobancos** suelen ofrecer mejores condiciones, las cuales podrás usar a tu favor al negociar con tu banco de toda la vida.

## CÓMO USAR UNA TARJETA DE CRÉDITO

Ya que hablamos de deudas buenas, de conseguir una buena salud financiera y de conseguir negociar con tu banco, algo que también puedes usar, y que la mayoría de gente usa mal, es una tarjeta de crédito.

Solemos tener una mala imagen de ellas, pero esto es porque, al no enseñarnos a usarlas en el colegio, la mayoría de las personas las usa mal, y acaban endeudadas y pagando intereses altísimos por períodos de tiempo muy largos. Por eso los bancos se benefician tanto de ellas; es un súper negocio para ellos.

Por eso, la forma correcta de usarlas es para los gastos comunes, como, por ejemplo, la compra semanal en el supermercado. La clave está en siempre pagar a final de mes, y sin retrasarte, el dinero que has usado. De esta forma, no te cobrarán intereses extra. El objetivo de usar tu tarjeta de crédito de esta manera, es hacerle ver al banco que eres una persona de fiar, que te prestan dinero todos los meses y tú lo devuelves sin retraso. Esto mejora el llamado **puntaje** o ***score* crediticio**, que es la nota que te pone el banco para saber si eres una persona a la que se le puede prestar mucho dinero a intereses bajos. En cambio, si tienes una mala nota, no te prestará dinero o te prestará poco y a intereses muy altos.

Ahora entiendes las deudas, sabes cómo beneficiarte de ellas y conoces los dos mejores métodos para pagarlas.

Así que pasaremos a un capítulo que estoy seguro que te va a encantar; el capítulo en el que vas a aprender a hacer que tu dinero trabaje por ti.

# CAPÍTULO 4:

# LO QUE NO TE ENSEÑARON EN EL COLEGIO SOBRE INVERTIR

Ya sabes cómo gestionar tu dinero, cómo no entrar y cómo salir de la deuda mala, así que puedes pasar a invertir, uno de los pasos imprescindibles hacia unas finanzas saludables.

Sin embargo, aunque sé que puede que tengas muchas ganas de empezar este capítulo, no quiero que pienses que invertir te va a hacer millonario de la noche a la mañana. Este pensamiento es el que lleva a muchas personas a la pérdida de dinero y a la frustración.

Por eso, lo primero que tienes que entender es que **invertir no es para ganar dinero. El objetivo de invertir es mantener el valor de tu dinero y crear riqueza a largo plazo.** Es decir, que tu dinero trabaje por ti, mientras no solo no pierde su valor, sino que aumenta poco a poco. De esta forma, cuando en un futuro lo necesites, puedas hacer uso de él. Y no te preocupes, que de ganar dinero hablaremos en el próximo capítulo.

Lo ideal es que cuando inviertas lo hagas pensando a medio o largo plazo, es decir, a cinco, a quince, a cuarenta años... Esa es la clave del éxito. Hay una frase que me gusta mucho que dice: «Las personas que piensan en décadas son peligrosas». Y con peligrosas me refiero a que pueden conseguir todo lo que se propongan.

## PLAN DE JUBILACIÓN

Al invertir, vences a la inflación y te preparas para tu jubilación.

Es importante que te prepares para tu jubilación por tu cuenta, ya que nadie te asegura que vayas a tener una pensión por parte del Gobierno cuando seas mayor. Ya hay estudios que demuestran que los más jóvenes no tendrán pensión, o la tendrán, pero será tan pequeña que no será suficiente para vivir. Esto se debe a que en España tenemos un **sistema de pensiones de reparto,** lo que quiere decir que los trabajadores de hoy pagan las pensiones de los jubilados de hoy, así que no, los impuestos que pagas no se guardan para pagarte tu pensión en un futuro. El problema es que para que este sistema funcione se necesitan dos trabajadores por cada jubilado, lo que hasta ahora ha funcionado porque ha habido más trabajadores que personas jubiladas, pero con el descenso de la natalidad y el aumento de la esperanza de vida esto está cambiando y nos encaminamos hacia un futuro con más jubilados que trabajadores. Así que estate atento, porque lo que vamos a ver te interesa.

Para hacer tu plan de jubilación vamos a usar la **regla del 4 %**, que es la regla más popular para prepararte con tiempo. Esta regla dice que cuando te jubiles, deberías poder vivir retirando un 4 % anual del dinero que has conseguido reunir. Esta regla está pensada para que puedas vivir con esa cantidad durante veinticinco años.

Para saber qué cantidad deberías tener para cuando te quieras retirar, tienes que pensar en cuáles serán tus costes de vida para entonces según tu situación personal. Esto es imposible de predecir, pero puedes hacerte una idea.

Supongamos que necesitas 1 000 € para pagar tus gastos de vida. Si los multiplicas por doce meses, sabrás qué cantidad necesitarás retirar cada año para vivir, es decir, unos 12 000 €. Ahora, para saber cuánto dinero tienes que tener cuando te retires, multiplica los 12 000 € por veinticinco años, lo cual da un total de 300 000 €.

La regla del 4 % no es perfecta. En un futuro puede ocurrir algún evento que nos obligue a modificar nuestro plan, pero nos sirve de ayuda para hacernos una idea de cómo debemos planificar nuestra jubilación.

## REGLAS DE LA INVERSIÓN

En el segundo capítulo vimos cuánto dinero debes invertir, y ahora vamos a ver cómo invertir y cuándo invertir, pero antes debes conocer las reglas principales de la inversión:

- **Nunca inviertas en lo que no entiendes.** Es decir, siempre infórmate muy bien sobre el activo financiero en el que quieres invertir. Lee libros y *blogs* en Google, mira vídeos de YouTube y pregúntale a personas con conocimientos y experiencia.

- **Invierte a medio y largo plazo.** Nunca inviertas a corto plazo con la ilusión de hacer dinero rápido. Si haces esto, tus emociones se verán afectadas negativamente y acabarás tomando decisiones que te harán perder tu dinero, ya que las emociones son la principal causa de pérdida en las inversiones.

- **Nunca te dejes llevar por el FOMO.** Las siglas FOMO significan en español miedo a perder la oportunidad. Cuando se pone de moda una inversión, se da mucho este fenómeno. Todo el mundo invierte y te dice que tú también deberías hacerlo. Esa presión muchas veces nos puede, pero debemos aguantar y ser pacientes antes de mover ficha.

- **Nunca te dejes llevar por el FUD.** Estas siglas significan en español miedo, incertidumbre y duda. Que es lo que hace que muchas personas vendan sus inversiones por miedo a perder. Esto suele pasar cuando los mercados caen, pero tú no deberías dejarte llevar por esta actitud cortoplacista, ya que la segunda regla nos dice que invirtamos a medio y largo plazo, nunca a corto. Además, en este capítulo veremos la mejor estrategia de inversión para estar tranquilos durante los períodos de crisis.

- **No intentes adivinar lo que va a pasar en el mercado.** Nadie tiene una bola mágica para saberlo, así que si intentas adivinarlo, probablemente acabarás perdiendo tu dinero.

- **Resultados pasados no garantizan resultados futuros.** Por muy buenos que sean, no te fíes nunca al 100 % de resultados pasados, ni de quien te hable de ellos y ni siquiera de mí o de tu asesor financiero. Haz siempre tu propia búsqueda e infórmate bien antes de invertir tu dinero.

- **Toda inversión conlleva riesgos.** Tenlo muy en cuenta. La posibilidad de perder todo tu dinero siempre existirá, así que conciénciate de ello. Además, nos guste o no, aunque solo sea un poco, en las inversiones siempre entra en juego el factor de la suerte. Por eso nunca inviertas dinero que no te puedes permitir perder.

- **Diversifica.** Nunca pongas todos los huevos en la misma cesta, ya que si algo falla, lo perderás todo. Por eso lo correcto es que inviertas en diferentes activos y mercados, que más tarde descubrirás en este capítulo.

- **Invierte en lo que crees que tiene potencial de crecimiento y está devaluado.** De aquí nacen las estrategias de inversión ***Growth*** y ***Value***. Muchos inversores recomiendan invertir en lo que te gusta y conoces, porque es más fácil que así tengas la capacidad de entender qué está devaluado, qué está sobrevaluado, qué tiene potencial de crecimiento y qué no. Recuerda que el objetivo de toda inversión es que aumente su valor.

- **Empieza a invertir lo más joven posible.** Esta regla tiene el objetivo de aprovechar el interés compuesto. El **interés compuesto** se basa básicamente en reinvertir tus ganancias, lo que hace que acumules más capital y, por lo tanto, poco a poco, ganes más. No te preocupes porque en la mayoría de inversiones la reinversión de tus ganancias se hace de forma automática, siempre y cuando tú no decidas retirarlas.

## CÓMO INVERTIR

Ahora que ya conoces las bases de la inversión, vamos a ver cómo invertir.

Hoy en día, la mayoría de inversiones las vamos a hacer de forma *online*, a través de plataformas diseñadas para ello, en las que, con pocos pasos, podremos comprar el activo financiero que queremos.

Como sería complicado hacerte un tutorial por escrito de cómo invertir en cada una de las inversiones de las que te voy a hablar, cuando elijas las que te interesan de la lista que te voy a dar, podrás ir a mi canal de YouTube, donde encontrarás un vídeo tutorial para cada tipo de inversión. De esta forma mucho más visual, podrás entenderlo mejor.

No confíes 100 % en la plataforma de la que hablo en mis vídeos, ya que existen muchas y pueden ir actualizándose y cambiando con el tiempo, más aun si hace mucho que subí el vídeo. Por lo que lo recomendable es que veas varios vídeos de YouTube en diferentes canales y que leas *blogs* en Google, entre otras cosas. Básicamente, haz tu propia búsqueda y estudio para encontrar la mejor opción para ti ahora mismo.

## CUÁNDO INVERTIR

Así llegamos a cuándo invertir. Esto es algo a lo que no le debemos dar importancia si seguimos las reglas de la inversión. No existe un mejor momento para invertir. Bueno, sí, pero no tenemos una bola mágica para adivinarlo. Por eso lo recomendable es que inviertas cuanto antes y a largo plazo. Además, es aconsejable que completes estos dos puntos con la **estrategia de DCA o *Dollar-Cost Averaging*.** Esta estrategia es la que te permite estar tranquilo durante las caídas de los mercados, y, en mi opinión, la que deberían de usar la gran mayoría de las personas. Se basa en invertir una cantidad específica de dinero, de forma periódica, en un activo financiero. Por ejemplo, invertir 100 € cada mes, sin importar cómo esté el mercado y lo que valga ese activo en ese momento. De esta forma, conseguimos promediar el precio del activo que estamos comprando. Es decir, al cabo de varios años, habrás comprado ese activo a su precio medio, ni en el precio de sus caídas ni en el de sus subidas. Además, hay plataformas que te permiten automatizar esto, lo cual te obliga a no fallar. Gracias a esta estrategia, no tenemos que preocuparnos por el momento en el que invertimos.

## PERFIL DE RIESGO

Ahora que ya sabes cómo y cuándo invertir, solo te queda saber cuál es tu perfil de riesgo, antes de ver los distintos tipos de inversión:

- **Conservador:** es aquel que no está dispuesto a perder su dinero. Por lo tanto, asume muy poco riesgo, lo que hace que sus inversiones sean muy seguras, pero, al mismo tiempo, la rentabilidad es baja. Una estrategia conservadora está muy bien para personas que tienen muy claro que lo que quieren es ahorrar a largo plazo y que su dinero no pierda valor. Suelen ser personas de edad media o avanzada.

- **Moderado:** este tipo de inversor va con cuidado, pero, al mismo tiempo, está dispuesto a arriesgar un poco con el objetivo de aumentar sus beneficios. Invertirá también a largo plazo. Suelen ser personas de edad media que buscan un equilibrio entre riesgo y rentabilidad.

- **Agresivo:** aquí encontramos las personas que están dispuestas a asumir el riesgo que sea necesario con el objetivo de obtener la máxima rentabilidad. Suelen ser personas jóvenes que tienen claro que pueden perder su dinero, ya que tienen tiempo para recuperarlo en ese supuesto caso.

Lo mejor que puedes hacer para descubrir cuál es tu perfil de riesgo, es hacer un test *online* de los muchos que podrás encontrar en Google.

Y una vez lo sepas, podrás elegir con mucha más seguridad qué inversión de las que vamos a ver ahora se adapta mejor a ti.

Ahora sí, voy a hablarte de las inversiones más populares actualmente y que mejores resultados están dando.

## INVERSIÓN EN TI MISMO

La primera y la mejor inversión que puedes hacer es un clásico: invertir en ti mismo. No existe ningún activo más importante que tú, por eso tienes que invertir tiempo en formarte, aprender, mejorar como persona, vivir experiencias, mejorar tu físico, adquirir nuevas habilidades, entre otras opciones. Hay miles de cosas que puedes mejorar, sobre todo cuando no tienes dinero. En este caso, lo mejor que puedes hacer es invertir tu tiempo.

Justo esto que estás haciendo ahora mismo, leer este libro, es invertir en ti. Has invertido tu dinero y tu tiempo para adquirir conocimientos y pasar al siguiente nivel. Justo eso tienes que hacer, aprender de personas que tienen más conocimientos o experiencia que tú y que hayan conseguido llegar al punto al que tú quieres llegar. Esto te ahorrará mucho tiempo de prueba y error, dinero y energía.

No me enrollo más, en el próximo capítulo volveremos a hablar de este tema.

## INVERSIÓN EN INMUEBLES

La segunda inversión de la que te voy a hablar son los inmuebles.

Los inmuebles son una de las inversiones más populares de todos los tiempos. Algo muy curioso es que la mayoría de los millonarios invierten en inmuebles, lo que nos da indicios de que puede ser una buena inversión.

Invertir en inmuebles es interesante, básicamente, porque el valor de los inmuebles suele aumentar con el tiempo. Podríamos ponernos a hablar de todos los factores que hacen que un inmueble aumente su valor, pero uno de los más importantes, del que hemos hablado y que te va a ser fácil de entender, es la inflación. Al invertir en inmuebles nos aprovechamos de la inflación, en vez de vernos afectados negativamente por ella.

Sin embargo, el que aumente de valor con el tiempo no es la única forma de ganar dinero que te ofrece invertir en bienes raíces. Existen tres grandes modalidades de inversión en inmuebles:

- **Comprar para alquilar:** como su nombre indica, compras, por ejemplo, un apartamento y lo alquilas con el objetivo de obtener una rentabilidad mensual. Puedes alquilarlo a larga temporada, que te suele dar una mayor seguridad pero menos dinero, o puedes alquilarlo turísticamente. Al alquilar tu apartamento por días las ganancias serán mayores. Sin embargo, nadie te asegura una cantidad de dinero fija al mes, así que tus ingresos dependerán de factores como, por ejemplo, la época del año.

- ***House flipping***: se basa en comprar casas en mal estado pero con gran potencial. Lo que haces es comprarlas, reformarlas y venderlas a un mayor precio. Por supuesto, es una tarea que conlleva tiempo, esfuerzo y dinero, como la mayoría de inversiones en inmuebles, por eso es importante que lo tengas claro antes de empezar. Pero no te preocupes, porque existen modalidades de las que vamos a hablar, que no requieren tanta inversión de tu parte.

- ***Rent to rent***: se trata de llegar a un acuerdo con el propietario de un inmueble, en el que tú te encargas de alquilarlo entero y de subarrendar las habitaciones que quedan libres. Esto es completamente legal siempre y cuando exista este acuerdo. Es posible hacer esto porque existen muchas personas que tienen un inmueble, pero no tienen el tiempo o las ganas para ponerlo en condiciones de ser alquilado, publicarlo en distintas páginas *webs* correctamente o seleccionar al mejor inquilino. Algo que también se ahorran y de lo que tú te puedes encargar, es de solucionar posibles problemas de roturas y de gestionar pagos, entre otras tareas. Como ves, la inversión inicial es baja y puedes empezar a ver los beneficios pronto.

Existen otras formas de invertir en inmuebles, como son el *crowdfunding* y los REITs o SOCIMIs.

Del *crowdfunding* hablaremos más tarde, y los **REITs** o **SOCIMIs** son empresas que invierten en inmuebles, pero que cotizan en bolsa, por lo tanto, tú puedes invertir en ellos a través de acciones, fondos de inversión o ETFs. De los que también hablaremos más tarde.

Lo mejor de estas dos últimas formas de inversión en inmuebles, es que puedes empezar a invertir con menos de 1 000€ y sin moverte de casa.

## INVERSIÓN EN BOLSA

Ahora pasamos a la inversión en bolsa. Este tipo de inversión también es muy conocida y popular, pero suele generar más miedo y desconfianza, porque parece muy complicada, cuando realmente no lo es. Las películas han hecho mucho daño al respecto, pero no te preocupes, es más simple de lo que parece.

La bolsa de valores es un mercado, el cual puede ser físico o virtual. Nosotros vamos a acceder a él de manera *online* en el 99,9 % de los casos. Como a cualquier servicio *online*, se accede a través de una *web*, y esta *web* suele pertenecer a un bróker. Un bróker es una persona u organismo que se encarga de organizar las operaciones de los compradores y vendedores a cambio de una comisión.

En el mercado de la bolsa se compran y se venden muchos tipos de productos, tantos que se han escrito libros hablando solo de ellos, y cada vez se crean más. Por eso yo solo te voy a hablar de los más conocidos: las acciones, los ETFs, los fondos de inversión y los bonos.

Las **acciones** son el producto que más se negocia en la bolsa. Básicamente, las acciones son partes de empresas que cotizan en bolsa, que puedes comprar y vender. Su precio varía a corto plazo dependiendo de la oferta y la demanda, y a largo plazo dependiendo de cómo va la empresa. Además, al invertir en acciones, puedes conseguir **dividendos**, que son beneficios que la empresa reparte entre sus accionistas.

Los **fondos de inversión** no son productos que coticen en bolsa directamente, sino que son un grupo de personas que gestionan de forma activa una serie de activos financieros (normalmente acciones). De forma activa, significa que un gestor y su equipo deciden qué acciones se compran, cuándo se compran y qué cantidad se compra. Este tipo de inversión está muy bien cuando no se tiene tiempo ni conocimientos, sin embargo, son otros quienes manejan tu dinero. Y aunque su objetivo es vencer al mercado, la mayoría de veces no lo consiguen.

Por eso existen los **fondos indexados**, que son fondos de inversión que replican un índice. Un índice es un grupo de empresas agrupadas por sector, zona geográfica y tipo de activo. Lo que hace el fondo indexado es seguir las variaciones de las acciones de estas empresas en el mercado, y saca un promedio. Te pongo un ejemplo:

El **índice bursátil** más conocido en el mundo es el **S&P 500**, que está formado por las 500 empresas más grandes de Estados Unidos. Es tan importante que sirve como termómetro para conocer la situación del mercado de la bolsa. El S&P 500 es un índice que a lo largo de la historia ha dado una rentabilidad anual de aproximadamente un 8 %.

Te animo a que entres en Google, busques una calculadora de interés compuesto, introduzcas la cantidad que quieras como primera inversión mensual (estrategia DCA), una rentabilidad del 8 % y un periodo de tiempo de cuarenta años (o el que tú prefieras). El resultado te sorprenderá. Entenderás por qué esta inversión es tan popular y por qué tanta gente la usa como estrategia de jubilación pasiva. Es más, hoy en día existen plataformas que te permiten automatizar esta estrategia y olvidarte.

Ya que hablamos de fondos de inversión indexados, tenemos que hablar de otro producto financiero muy parecido y conocido: los ETFs.

Los **ETFs** son como los fondos de inversión indexados, pero cotizan en bolsa. Es decir, es como comprar y vender una acción a través de un bróker. Además no están administrados de forma activa como un fondo, sino de forma pasiva, y siguen automáticamente los movimientos del índice al que replican. Y sí, hay ETFs que replican el índice del que te acabo de hablar, el S&P 500.

El último producto del que quiero hablarte, y que también se compra y vende en la bolsa, son los **bonos**, una de las inversiones más seguras que existen. Los bonos entran dentro de la **renta fija**, que es aquella inversión que nos asegura que recuperaremos nuestro dinero, más una rentabilidad, en un determinado periodo de tiempo. Por el contrario, la **renta variable** es toda aquella en la que el resultado de nuestra inversión es incierto, como, por ejemplo, las acciones, ya que, al comprarlas, no sabemos qué va a pasar, si vamos a ganar dinero o si lo vamos a perder. Por esto es que los bonos son tan seguros, ya que podemos saber antes de comprarlos qué rentabilidad vamos a obtener y cuándo. Sin embargo, no quiere decir que sea 100 % seguro que recuperemos nuestro dinero más la rentabilidad, ya que el emisor del bono puede no cumplir con lo acordado, aunque esto no es lo común.

Cuando compramos un bono, lo que estamos haciendo es comprar deuda a una empresa o administración pública, como, por ejemplo, a los gobiernos de nuestros países, ya que necesitan dinero para financiarse. Y nosotros se lo prestamos a cambio de una rentabilidad. Esta rentabilidad suele ser muy baja, ya que el riesgo también lo es.

Algo que tenemos que entender a la hora de invertir es que **riesgo y rentabilidad van de la mano**. Mientras más riesgo tenga una inversión, más rentabilidad podremos conseguir, y viceversa.

Puedes invertir en bonos a través de un bróker, al igual que ocurre con el resto de productos financieros de los que te he hablado previamente, ya que cotizan en bolsa. Sin embargo, para invertir en fondos de inversión, suele ser un poco más complejo. Aunque también podemos invertir en ellos a través de brókeres *online*, bancos y gestoras de fondos, hay otra forma que está aún más de moda debido a su simplicidad, transparencia y rapidez, estos son los *robo advisors*.

Los ***robo advisors*** son plataformas *online* que asesoran y gestionan carteras de inversión automatizadas.

Rellenas un formulario y, a través del uso de algoritmos, te asignan una cartera según tu perfil de riesgo. Estas no son 100 % personalizadas, pero suelen tener una amplia variedad de carteras que se adaptan a todos los tipos de perfiles. Además, van haciendo ajustes automáticos para mantenerlas equilibradas, a pesar de los movimientos del mercado.

Una **cartera de inversión** es una combinación de activos financieros en los que invierte una persona. Todo inversor debe tener su propia cartera diversificada, con el objetivo de no tener todos los huevos en la misma cesta.

En mi opinión y experiencia, para la gran mayoría de las personas la mejor opción es invertir a través de un *robo advisor*, ya que es fácil y rápido, y no requiere de conocimientos ni de experiencia previa, como tampoco hace falta dedicarle apenas tiempo. La inversión inicial es asequible y las comisiones son bajas.

Además, al invertir a través de un *robo advisor* puedes invertir en una cartera que incluya todos los activos de los que hemos hablado previamente.

Ahora pasaremos del mercado de la bolsa a un mercado que no para de crecer: el mercado de las criptomonedas.

## INVERSIÓN EN CRIPTOMONEDAS

Las criptomonedas son un mercado muy nuevo, eso lo hace volátil. Es decir, es muy peligroso para quien no lo entienda, ya que sube y baja mucho y muy rápido. De ahí que reciba tantas críticas. Hay personas que creen que no tiene futuro, pero hay otras muchas que creen que es literalmente el futuro.

Las criptomonedas son básicamente monedas digitales que usan una tecnología que permite verificar quién es el dueño de cada una. Esto asegura las transacciones y evita que se hagan copias de estas. Esto es lo que se denomina tecnología ***blockchain***.

La idea detrás de ellas, que hace que hayan ganado tantos *fans*, es la de devolver el poder monetario a la sociedad, a los ciudadanos, gracias a la descentralización, que crea un sistema monetario más rápido, barato y transparente. Sin tener que pasar por una autoridad centralizada, como son los gobiernos y los bancos, que, como hablamos al principio del libro, se hicieron con este poder no hace mucho, y esto hace que tengan un gran control sobre nosotros.

El problema de las criptomonedas es que son un mercado peligroso por lo nuevo que es. Todavía está en proceso de regulación, por lo que puede cambiar mucho en los próximos años, y mientras tanto van a existir muchas estafas. Esto hará que muchas personas pierdan su dinero, pero, por otro lado, también hará que otras tantas tengan la oportunidad de ganar grandes cantidades de dinero.

Debes saber que cuando invertimos en una criptomoneda, estamos invirtiendo en la empresa que hay detrás de esa criptomoneda, en el grupo de personas que la han creado, así que estamos ayudándoles a financiarse para que puedan seguir creciendo y consiguiendo objetivos.

Es muy importante que entiendas esto, ya que esto explica por qué el 80 o 90 % de las criptomonedas desaparecerán. Y es que la mayoría de ellas tienen detrás grupos de personas que tienen como único objetivo hacerse ricos, no crear una criptomoneda realmente útil. Por eso, como siempre digo, invierte en lo que entiendes y en lo que crees que tiene futuro.

Si te decides por invertir en criptomonedas, podrás hacerlo a través de *exchanges online*.

Y si decides no invertir en ellas, quédate muy atento a lo que va pasando, porque muchas personas comparan la creación de las criptomonedas y la tecnología *blockchain* con la de *Internet*.

Además están muy relacionadas con otros sectores, tecnologías y activos financieros con mucho futuro, como, por ejemplo, el metaverso (la realidad virtual), los NFTs (arte digital) o la inteligencia artificial.

## INVERSIÓN EN *CROWDFUNDING* Y *CROWDLENDING*

Otra forma que tenemos de invertir en empresas para conseguir una rentabilidad a cambio de nuestro dinero, es a través del *crowdfunding* y el *crowdlending*. Este tipo de inversión se basa en la financiación de proyectos de forma colectiva. Para esto existen plataformas *online* donde puedes encontrar publicados estos proyectos e invertir en ellos a cambio de una recompensa. El *crowdlending* es el método más seguro de los dos, ya que está más controlado y, por lo tanto, corres menos riesgo de perder tu dinero. Además, puedes empezar a invertir en ambos con cantidades pequeñas.

Para terminar con la lista de inversiones más comunes, quiero hablarte sobre un activo financiero que tiene confundidas a muchas personas: el oro.

## INVERSIÓN EN ORO

El oro es un metal que ha tenido gran importancia a lo largo de la historia, como ya hemos visto antes.

El caso es que muchas personas creen que el oro se usa como inversión para ganar dinero, pero esto no es así; el oro es un activo financiero que varía muy poco en precio. Realmente, el oro se usa como refugio de valor. En momentos de incertidumbre, como guerras o pandemias, muchos inversores compran oro para mantener el valor de su dinero. Pero no solo se usa en periodos de incertidumbre, sino que hay personas que lo compran regularmente para tener su dinero en oro, ya que normalmente supera la inflación.

El oro, como todos sabemos, es físico, y siempre se ha comprado físicamente, pero hoy en día existen plataformas *online* que te permiten comprarlo por Internet e incluso se encargan de guardarlo por ti en distintos sitios alrededor del mundo.

## IMPUESTOS DE LAS INVERSIONES

Ahora que ya conoces las inversiones más populares que existen, y que puedes conseguir beneficios con ellas, también debes saber que en la mayoría de los países es necesario pagar impuestos por los beneficios obtenidos.

Algunas inversiones tributan de la misma forma y otras de forma distinta. Esto dependerá de las leyes del país en el que inviertas. Hay incluso países en los que no tendrás que pagar por tus inversiones.

Pero no te preocupes, porque aunque este tema es importante, no es un tema del que te tengas que encargar tú. Existen personas especializadas en esto que se encargan de declarar tus inversiones: los gestores financieros. Los puedes encontrar a pie de calle en tu barrio, o por Internet. Lo mejor es que contrates un buen gestor que te quite ese trabajo del medio a cambio de un pequeño pago. Ellos incluso te ofrecerán estrategias para **eludir** impuestos, es decir, pagar menos impuestos de forma legal. Si fuera de forma ilegal, estaríamos **evadiendo** impuestos, y esto es un delito.

Solo tendrás que declarar tus ganancias. Es decir, si inviertes 10 000 € en acciones, suben hasta 15 000 € y las vendes, tendrás que declarar 5000 € de ganancias y pagar impuestos por ellas. Si en el país en el que vives tienes que pagar, por ejemplo, un 20 % por tus ganancias, entonces tendrás que pagar 1 000 € de impuestos al Gobierno, y te quedarás con los otros 4 000 € para ti.

Fíjate en un detalle importante, en el ejemplo que te he puesto he vendido las acciones, eso es una **ganancia realizada**, y por eso tributamos por ella. Sin embargo, por las **ganancias no realizadas** no pagamos impuestos. Esto quiere decir que si nuestras acciones valían 10 000 €, y han pasado a valer 15 000 €, pero no las vendemos, sino que las tenemos dentro del bróker, no tendremos que tributar. Ya que ese valor sigue fluctuando.

Y no te preocupes si pierdes dinero, porque no tienes que tributar por tu inversión. Es más, en España, por ejemplo, puedes restar las pérdidas de las ganancias, y tributar por la diferencia. Esto se llama compensar las pérdidas.

## COSTE DE OPORTUNIDAD

Para cerrar el capítulo sobre inversiones, quiero que conozcas lo que es el coste de oportunidad.

Siempre que inviertes tienes un coste de oportunidad. Es decir, cuando decides invertir en algo, estás dejando de invertir en otras opciones. El valor que pierdes por invertir en lo que has elegido, y no invertir en otra opción, es el coste de oportunidad. Te pongo un ejemplo:

Digamos que tienes 1 000 € ahorrados en el banco, los cuales no necesitas. Tienes muchas opciones para elegir, pero te estás planteando dos en concreto: invertirlos en acciones o dejarlos en el banco sin hacer nada. Imagínate que inviertes ese dinero en acciones de forma inteligente, en un año ganarías 100 €, es decir, tendrías 1 100 €. En cambio, si este año decides dejar tu dinero en el banco, tu coste de oportunidad será la diferencia entre de 1 100 € y 1 000 €, es decir, 100€.

Como ves, toda decisión tiene un coste de oportunidad. A veces podemos saber cuál es el coste exacto, mientras que otras veces tenemos que hacer cuentas y adivinar.

Por eso debes invertir sin prisas. Tómate tu tiempo para analizar las diferentes opciones que tienes y elige la mejor para ti. Pero tampoco te quedes paralizado.

Si quieres ir a lo seguro, ponte en contacto con un asesor financiero certificado. Él analizará tu situación personal y te dará las opciones que mejor se adaptan a ti. Puedes ponerte en contacto con el asesor financiero de nuestro equipo a través del enlace de mi cuenta de Instagram (**@soysocialmario**).

## CAPÍTULO 5:

# LO QUE NO TE ENSEÑARON EN EL COLEGIO SOBRE GANAR DINERO

A estas alturas podrías cerrar el libro. Has aprendido lo necesario para tener unas finanzas saludables de aquí hasta el día que te mueras.

Estarías en el segundo peldaño de la pirámide, una pirámide que yo mismo he creado y que está compuesta por tres peldaños. Cuando empezaste a leer este libro estabas donde se encuentran la mayoría de las personas: en lo más bajo, en el primer peldaño.

Las personas que se encuentran en el primer peldaño no saben nada sobre dinero. De modo que se dejan llevar por sus emociones, son manipulables y viven una vida de constante sufrimiento por ello.

Las personas como tú, que se encuentran en el segundo peldaño, no necesitan más. Con los conocimientos que tienes puedes tomar decisiones financieras racionales que te lleven a cumplir tus objetivos y a conseguir la vida que quieres, sin preocupaciones financieras.

Pero no me quedaría tranquilo si no te hablo del tercer peldaño. Ahorrar está muy bien, es más fácil que ganar dinero, solo tienes que dejar de gastar, pero tiene un límite. Invertir está muy bien, puedes mantener el valor de tu dinero e incluso multiplicarlo, pero es muy lento. Por eso existe el tercer peldaño, para la gente que quiere tomar la vía rápida.

Para llegar a este peldaño vamos a necesitar tiempo o dinero. Normalmente, lo mejor es tener un trabajo mientras iniciamos la fase de subida del peldaño dos al tres. Así tendremos dinero, no tendremos presión y contaremos con unas cuantas horas libres al día.

Quiero hacer una aclaración aquí. Mi intención en este capítulo es que cualquier persona pueda tener un ingreso extra aparte de su trabajo, para poder acelerar el proceso de ahorro, de pago de deudas, de inversión y, por supuesto, de calidad de vida. Mi intención no es que todos los que leáis este libro emprendáis, sin embargo, puede que algunos de vosotros lo acabéis haciendo.

Desde pequeños, en el colegio nos han formado para intercambiar nuestro tiempo por dinero, lo cual no estaría mal si nos pagaran bien por él. El problema es que nuestro tiempo no está bien pagado, no es suficiente como para vivir una vida sin preocupaciones financieras. Además, si queremos ganar más dinero, tenemos que trabajar más horas. Sin embargo, nuestro tiempo es limitado, tenemos un máximo de veinticuatro horas al día. Por eso es tan importante que creemos **fuentes de ingresos pasivas,** las cuales necesiten muy poco tiempo de nuestra parte para generarnos ingresos extra que mejoren nuestra calidad de vida y la de los nuestros.

Para ganar este dinero extra, te traigo las que en mi opinión son las mejores formas de ganar dinero del momento, las más fáciles de empezar y las más rentables. La mayoría son *online* y sin inversión inicial, ya que, gracias a Internet, estamos viviendo la mejor época para generar ingresos, directamente desde nuestro ordenador o móvil, sin tener que movernos de casa.

## COMPRAVENTA DE PRODUCTOS

La primera forma de ganar un dinero extra es la compraventa de productos. En esta categoría existen varias modalidades. La modalidad más simple y a la que todo el mundo tiene acceso es la venta de productos de segunda mano.

Todos tenemos cosas en casa que no usamos y que llevamos años acumulando. Este sistema es tan simple como hacer una búsqueda por casa y listarlo todo en una página de segunda mano. Es muy fácil sacar un dinero extra de esta forma. Sin embargo, no es infinito, algún día nos quedaremos sin cosas que vender.

Por eso te voy a hablar de la siguiente modalidad dentro de la compraventa de productos. Se basa en especializarte en algún tipo de producto, buscarlo en páginas de segunda mano a bajo precio y revenderlo a un precio más alto. Esto funciona muy bien también si le añades un paso extra, un paso en el que te dediques a arreglar o limpiar el producto para aumentar su valor. No te miento si te digo que esta modalidad es la más popular entre la gente que conozco que se saca un dinero extra, ya que está al alcance de todos y las posibilidades son enormes. Puedes empezar con productos pequeños como, zapatos y relojes, o ir subiendo hasta bicis, muebles, motos, coches e incluso casas.

Dentro de esta modalidad también me gusta incluir la fabricación de productos artesanales para su venta. Si tienes alguna afición o habilidad, puedes sacarle rentabilidad de esta forma.

Además, todas estas modalidades se pueden compaginar perfectamente con un trabajo.

## *MARKETING* DE AFILIADOS

La segunda forma de ganar dinero *online* que más fácil me parece y que es totalmente *online* es la del *marketing* de afiliados. Es simplemente ganar una comisión por probar, recomendar y vender, el producto o servicio que ha creado otra persona. Puedes empezar con amigos y familiares, y seguir expandiéndote gracias a las redes sociales, de forma orgánica, mediante publicaciones, o a través de publicidad paga.

Esto es algo muy parecido a lo que hacen los comerciales, solo que está más enfocado al mundo *online*.

Como empiezas a ver, cada forma de ganar dinero requerirá que aprendas unas habilidades diferentes, a veces más, a veces menos, algunas más fáciles y otras más complejas. Lo bueno es que puedes aprender todas estas habilidades en libros como este, en *blogs* en Google o en vídeos de YouTube, de forma rápida y gratuita.

## *FREELANCER*

Otra forma de ganar dinero con tus habilidades es como *freelancer*. Algo que siempre recomiendo a quien está perdido y no sabe cómo empezar a ganar dinero por su cuenta, es que se enfoque en aprender una habilidad, una habilidad que esté demandada, que se convierta en el mejor desempeñando esa habilidad, y así será irremplazable. De esta forma, el dinero nunca le va a faltar.

Los *freelancers* se dedican a dar sus servicios a personas o a empresas, pero por su cuenta. Explicado de esta manera puede parecer muy profesional, pero, por ejemplo, dar clases de matemáticas o inglés para niños pequeños sería una tarea de *freelancer*.

Cualquier persona tiene habilidades que puede enseñar, siempre puede aprenderlas como te he explicado antes. Cada vez hay más habilidades que se necesitan en el mundo *online* y están bien pagadas, como diseño *web*, *copywriting*, *trafficker*, diseño gráfico, edición de vídeo, programación, *closer* de ventas, entre otras.

Como *freelancer*, puedes ganar dinero enseñando tus conocimientos a otras personas o también puedes ganarlo aplicando esos conocimientos, es decir, realizando el trabajo que esas personas necesitan.

Para encontrar gente que necesite tus servicios puedes utilizar páginas *web* diseñadas específicamente para ello, aunque si quieres evitar parte de la competencia, puedes utilizar otras estrategias, como panfletos, envío de *e-mails* a posibles clientes, el boca a boca, las redes sociales o la publicidad.

Como ves, y seguirás viendo, para ganar dinero con la gran mayoría de métodos que funcionan hoy en día, es muy importante conseguir visibilidad. Esto es debido a que vivimos en una economía de atención. Hay un dicho que dice que donde está la atención está el dinero. Así que ten esto muy en cuenta a la hora de elegir tu método para conseguir atención, para lo cual necesitarás saber cuál es la mejor red social del momento e incluso el tipo de publicación que mejor funciona.

El problema principal del *freelancer* es que, como hemos hablado anteriormente, sigue intercambiando su tiempo por dinero. Por eso el siguiente paso que tiene que hacer, es el de **escalar**. Escalar significa básicamente, ganar más trabajando menos. Por lo tanto, combinar el *freelancing* con la siguiente forma de ganar dinero es muy buena opción.

## PRODUCTOS DIGITALES

Se trata de la creación de productos digitales, o infoproductos. Los productos digitales son: *e–Books*, cursos, membrecías, entre otros, que se pueden vender *online*. Trabajas unas horas en ellos para crearlos, y después los puedes vender una y otra vez, sin tener que volver a dedicarles tiempo, o dedicándoles muy poco.

Para crear un producto digital solo necesitas una habilidad que solucione un problema en la sociedad. Es decir, si tienes o aprendes una habilidad que puede solucionar un problema a muchas personas, puedes crear un producto digital. Esa es la clave de cualquier producto o servicio.

Por supuesto, como hemos hablado antes, mientras más atención consigas, más ventas conseguirás. Por eso es que tantos *influencers* venden productos *online*, porque ya tienen una comunidad, es decir, muchos ojos prestándoles atención. Sin embargo, no es necesario ser *influencer* para que esta forma de ganar dinero funcione. Puedes sacarte un dinero extra vendiéndoles a familiares y a amigos, o escalar haciendo campañas de publicidad.

## *E–COMMERCE*

Estas formas de ganar dinero que acabas de ver, además, son muy satisfactorias a nivel personal, porque estamos ayudando a otras personas. Pero puede ser que esto no te importe tanto y prefieras dedicarte a vender productos físicos de forma masiva y automatizada. Esto suena a súper empresa, como Amazon, pero la realidad es, que desde hace unos años puedes crear tu propia tienda de productos *online*, o negocio de *e–commerce*.

Un *e–commerce* es una tienda virtual, o comercio electrónico, que puede gestionar una persona individualmente, sin ayuda de nadie más. Es decir, te podrías encargar tú sólo de la promoción del producto, de su venta, del pago, del envío y, en caso necesario, del servicio de atención al cliente.

Los dos métodos más conocidos para montar tu tienda *online* son ***dropshipping*** y **Amazon FBA**. Ambos tienen sus pros y sus contras, pero lo que tienen en común es que tendrás que hacer una pequeña inversión al principio de tiempo y dinero. Además, es un negocio que puede llegar a ser muy rentable y pasivo.

## MARCA PERSONAL

Por otro lado, tenemos la marca personal, un método para generar ingresos extra totalmente diferente. Esta es la forma de ganar dinero que elegí yo. Algunos lo llaman ser *influencer*, otros, creador de contenido, y otros, marca personal. Al fin y al cabo, se basa en vivir de ti y del contenido que creas, ya sea en redes sociales, en la tele, o en charlas presenciales.

Para mí es una de mis formas de ganar dinero favoritas, porque me da la posibilidad de combinar al mismo tiempo muchas de las formas de ganar dinero de las que hemos hablado, más algunas extra, como, por ejemplo, los pagos que recibo de las redes sociales o los patrocinios con marcas. Mientras que, al mismo tiempo, ayudo a otras personas y dejo un legado (en este caso de vídeos, libros, cursos, entre otros) que durará muchos años, incluso más que yo, y además consigo autoridad, fama o influencia, que me proporciona beneficios extra.

Para empezar, tiene la misma fórmula que las formas de ganar dinero de las que te hablé anteriormente. Busca una necesidad en la sociedad, especialízate en ella y crea contenido sobre al respecto.

Hoy en día no es necesario ni que enseñes la cara, incluso puedes crear, por ejemplo, **canales automatizados de YouTube**. En ellos contratas a alguien que escriba los guiones, a alguien que se grabe leyéndolos y a alguien que edite los vídeos. De esta manera, podrías conseguir tener un negocio súper pasivo.

Como ves, los negocios tradicionales que conocemos de toda la vida ni siquiera están apareciendo en esta lista. El mercado está muy saturado de ellos y avanza muy rápido, al igual que la tecnología. Por eso tenemos que estar atentos, para no quedarnos obsoletos.

## AGENCIA DE *MARKETING*

Los negocios *online* son el futuro, como, por ejemplo, las agencias de *marketing*, que funcionan muy bien y todavía tienen muchos años antes de quedarse obsoletas.

Las agencias de *marketing*, además, pueden ser de muchos tipos, depende de cuál sea su especialidad. Las hay dedicadas 100 % a hacer campañas publicitarias para sus clientes, dedicadas a hacer lanzamientos *online* de productos y servicios, a hacer *e-mail marketing*, a crear contenido, a hacer SEO, entre otros servicios.

Como ves, estas habilidades son las mismas que aprenden los *freelancers*. Sin embargo, cuando hablo de agencia, me refiero a que crees un negocio con trabajadores a los que les delegues las tareas. Es decir que, aunque tú no tengas esas habilidades, puedes contratar o aliarte con personas que sí las tengan. Ya sean amigos, familiares o personas que encuentres por Internet. Se trata de ir añadiendo clientes a tu lista, para generar ingresos extra. Poco a poco, una agencia puede convertirse en un negocio muy rentable.

## *SOFTWARE Y APPS*

Un negocio que también está funcionando muy bien es el de la creación de *software* y *apps*, ya sea para ganar dinero con clientes que se suscriben y pagan mensualmente o para venderlos cuando estén terminados.

Igual que hemos hablado antes, necesitas solventar un problema en la sociedad. Y no necesitas saber sobre programación, sino que puedes contratar a alguien que lo haga por ti.

## *TRADING*

La última mejor forma de ganar dinero es el *trading*. El *trading* se basa en comprar y vender activos financieros con el objetivo de obtener una ganancia.

Ser *trader* es algo que a muchas personas les gustaría, pero no te voy a mentir, ser un *trader* rentable conlleva mucho tiempo, dedicación, aprendizaje, prueba y error, y dinero. Tengo amigos que lo han conseguido, y ahora no le tienen que dedicar mucho tiempo para conseguir una alta rentabilidad, pero el camino no ha sido fácil.

Si hay algo que tienes ahora, son ideas para ganar un dinero extra. Algunas te gustarán más y otras menos. Es normal, todas tienen sus pros y sus contras.

Infórmate mejor sobre las que más te hayan llamado la atención y pasa a la acción, es lo más importante, aunque sea poco a poco. Como habrás aprendido en este libro, se consigue poco a corto plazo, pero mucho a medio y largo.

# CONCLUSIÓN

Al principio del libro te hablé de la importancia de los tres pilares: **ahorrar – invertir – ganar dinero.** Ahora entiendes por qué tienen que funcionar los tres a la vez para conseguir unas finanzas saludables. Además, conoces las estrategias y trucos más prácticos y efectivos para hacerlos funcionar. También entiendes por qué me es tan difícil responderos cuando me preguntáis en qué invertir o cómo ganar dinero.

Antes de acabar, me gustaría aclarar un tema, la **libertad financiera.** Hace unos años, cuando empecé mi propio camino hacia la libertad financiera, creía que esta lo era todo, que era un destino, y que, además, era el destino final, que debía trabajar para conseguirla. Y entonces sería feliz.

Sin embargo, a lo largo del camino me he dado cuenta de que es simplemente una opción más en el camino, que puedo elegirla o dejarla de lado, pero que, en el caso de llegar a conseguirla, no sería el final, sino parte del camino.

Me explico: he trabajado en muchos sitios a lo largo de mi vida, incluso en diferentes países, me dediqué durante muchos años a buscar el trabajo perfecto, pero siempre acababa odiándolo. Esto me hizo llegar a la conclusión de que debía conseguir la libertad financiera, es decir, tener el suficiente dinero ahorrado e invertido para generar los suficientes ingresos necesarios con el fin de cubrir mis gastos de vida, sin tener que trabajar.

Durante unos años ese fue mi objetivo. Dejé mi trabajo y empecé a intentar generar ingresos por Internet de muchas maneras, para conseguir ese dinero que necesitaba para retirarme.

Al cabo del tiempo, encontré lo que funcionaba dentro de lo que me gustaba, y que, además, me permitía vivir. Esto lo cambió todo. Me di cuenta de que la clave no estaba en buscar el trabajo perfecto ni la libertad financiera, sino encontrar lo que me gustaba y ganarme la vida con ello. En mi caso ha sido el emprendimiento, pero estoy seguro de que también se puede encontrar a través de un trabajo convencional.

Realmente, creo en que cuando encuentras algo que te gusta, no importa cuánto trabajas, no te cansas, aunque el dinero deje de ser un problema. Es más, cuando consiga llegar a la libertad financiera, no pienso retirarme, pienso seguir dedicándome a lo que me gusta.

Por eso mi mensaje final es que busques más la **tranquilidad financiera**, y no tanto la libertad financiera. El cometido debe ser conseguir el dinero suficiente para satisfacer tus necesidades mientras haces algo que te apasiona.

Como despedida, me gustaría terminar hablando de forma positiva sobre el dinero, ya que estamos muy acostumbrados a hablar y escuchar mal de él, de la gente que lo tiene y de la gente que no lo tiene. El dinero genera más sentimientos negativos que positivos, lo cual es debido a nuestras creencias. Pero, en el fondo, el dinero no es ni bueno ni malo, es un objeto, nosotros decidimos si darle un sentido positivo o un sentido negativo.

La realidad, queramos o no, es que el dinero es necesario para vivir en esta sociedad. Por eso es tan importante que apliques lo que has aprendido en este libro. Eso significará que te valoras a ti mismo, que valoras el dinero y que le das un sentido positivo.

Simplemente, aplicando algunas cosas ya notarás mejoras que te motivarán a seguir progresando.

Si te has quedado con la curiosidad de profundizar más en algún tema en concreto, te animo a ello.

Como te he dicho previamente, hoy en día tienes acceso a toda la información que necesitas para que el dinero no se convierta en un problema en tu vida, sin embargo si quieres aprender más sobre el dinero pero ahorrándote tiempo y pasando a la acción, te recomiendo acceder a mi curso de finanzas personales a través de mi cuenta de Instagram (**@soysocialmario**). En él te explico la estrategia que yo seguiría si fuera tú tanto para ahorrar, como para invertir y ganar dinero, además de revelarte mi portafolio de inversión. Tienes un 25% de descuento utilizando el código LIBRO en el *checkout*.

Recuerda, el conocimiento nos da poder y opciones, al igual que el dinero.

## SOCIAL MARIO

Este es Mario. Desde muy pequeño se interesó por las finanzas al ver la cantidad de problemas que generaba el dinero en su entorno familiar. Por eso en 2019 creó *Social Mario*. Ahora entre todas sus redes sociales tiene a millones de seguidores de habla hispana que ven su contenido diariamente. Su objetivo es compartir todo lo que no nos enseñaron en el colegio sobre el dinero, ya que provoca grandes problemas financieros a nivel mundial. Y con una serie de trucos prácticos, cualquier persona puede conseguir la tranquilidad financiera.

Made in United States
North Haven, CT
24 October 2026

21018510R00059